ORDONNANCE
& Placcart des Archiducqz noz Princes ſouuerains ſur le fait du cours & permiſſion des monnoyes & aultres choſes en dependantes.

EN ANVERS,
Chez Hieroſme Verduſſen, l'An 1612.

Auec Grace & Priuilege.

ORDONNANCE
& Placcart des Archiducqz noz Princes souuerains sur le fait du cours & permission des monnoyes & aultres choses en dependantes.

EN ANVERS,
Chez Hierosme Verdussen, l'An 1612.

Auec Grace & Priuilege.

Par les Archiducqz.

A Nos amez & feaulx les Gouuerneur, President & gens de nostre Conseil Prouincial d'Arthois, salut & dilection: Combien que nous euissions esperé que le Riglement par nous donné au cours des monnoyes le xxij. Iour de Mars de l'annee passée, suiuant l'aduis sur ce rendu le troiziesme du mesme mois, par les Deputez de de noz bonnes villes, à ces fins par nous assemblez en ceste nostre ville de Bruxelles, euist fait cesser les desordres qui se commettoyent au faict desdictes monnoyes, au tresgrand dommage, & interest irreparable de noz bons subiectz, toutesfois nous sommes informez (contre nostre espoir & intention, & à nostre tresgrand desplaisir & regret) que le pris desdictes monnoyes va de iour en iour, de plus en plus accroissant, & que s'il n'y est en brief pourueu & remedié, le tout ira en desordre, & confusion extreme. ledict mal procedant principallement de l'auarice insatiable d'aulcuns Marchans qui font gaing, & traficq desdictes monnoyes, à la ruyne, & destruction entiere de nostre pouure peuple, ne cognoissant poinct que par ledict rehaulssement des monnoyes, il s'appourit, ains se persuade que soubz vmbre qu'il compte par quantité & sommes plus grandes, il s'acquiert plus de richesses, & aussi de la negligence de noz Fiscaulx, Magistratz, & Officiers, ausquelz l'execution de nostredict Placcart à esté commise, & par nous tant recommandée, Parquoy nous, qui n'auons rien plus à cueur que de preseruer noz pays, & subiectz

iectz de tous dommaiges, auons par l'aduis de noz Conseilz d'estat, Priué, & des Finances, trouué bon de faire republier nostredict Placcart, & a fin qu'il soit tant mieulx gardé, entretenu & obserué, auons statué, & ordonné, statuons, & ordonnons les pointz cy apres contenuz, tant par confirmation de noz Placcars precedens, que par ordonnance nouuelle, & accroissement des peines statuees contre ceulx qui seront trouuez y contreuenir, le tout par maniere de prouision, & iusques à ce qu'auec meilleure occasion, & pour le plus grand bien de nosdictz pays & subiectz y sera par nous aultrement pourueu.

I.

PRemierement auons voulu, & ordonné que nulle personne que ce soit ne pourra deliurer, ny recepuoir aulcunes especes de monnoye d'or, ou d'argent que celles qui sont permises par nostredict Placcart du xxij. de Mars seize cens vnze, ny à plus hault pris que celluy par nous tolleré: Voulans & ordonnans bien expressement, que le pris, & poix des monnoyes statué par ledict Placcart soit poinctuellement obserué, & entretenu, sans y contreuenir en aulcune maniere que ce soit, soubz les paines, & amendes declarees par icelluy, ou cy apres statuées.

II.

Bien entendu qu'au lieu que par nostredict Placcart est dict que pour chacun as de default du poix d'or, oultre les deux de remede iusques à six, inclusiuement, l'on payeroit vn patart, nous voulons & ordonnons que pour le default de chacun desdictz as, ou grains l'on payerat pattart & demy, faisant trois groz de nostre monnoye de Flandres.

III.

III.

Voulons aussi en confirmant ce que par nous à esté ordonné le dixseptiesme de Nouembre dernier, que si quelqu'vn ayant receu aulcune espece, ou especes de monnoyes deffendues, ou bien aulcunes permises à plus hault pris qu'il n'est dict par ledict Placcart, vient denuncer, ou declairer, aux iuges, ou officier du lieu ou du ressort d'icelluy, endedans vingt quatre heures apres ladicte reception, de qui il aura receu lesdictes especes, il ne soit point seullement quicte & deschargé de l'amende, & confiscation par luy encourue, pour auoir contreuenu à nostredicte ordōnance par ladicte reception, ains qu'il prouffictera enoultre de la part accordée par nostredicte Placcart, ou aultre precedens, au denunciateur.

IV.

Mesmes que de sadicte declaration il soit creu à son serment, pourueu que la somme par luy receue & denuncée, n'excede cincquante florins vne foiz, & si oultre le serment dudict denunciateur l'on peult prouuer par deux, ou trois tesmoings que ledict accusé auroit encores depuis la publication de cestes receu, ou donné à eulx, ou à aultres quelzques pieces d'or ou d'argent deffendues, ou à plus hault pris qu'il n'est permis, Nous voulons que le dire desdictz tesmoings, ores que parlans d'actes diuers, & singuliers soit tenu pour preuue souffissante pour comdanner ledict accusé és amendes pecuniaires contenues audict Placcart, ou cy apres ordonnees, ores que la somme par luy receue excedà cincquante florins vne foiz.

V.

Voulons en oultre, & ordonnons que ceulx qui vouldront deferer quelqu'n d'auoir contreuenu à nostre dict Placcart des monnoyes se pourront à ces fins addresser soit au iuge ordinaire du lieu, soit à quelque superieur d'icelluy par preuention.

VI.

Et si le iuge auquel il sera addressé ne luy administre sommierement Iustice, il se pourra pourveoir pardeuant le superieur d'icelluy.

VII.

Et afin que nostredicte Placcart soit tant mieulx entretenu, & obserué, nous auons, en rafreschissant ce que par ordonnances precedentes à esté commandé en ce regard, mesmes par le Placcart du iiij. d'Octobre quinze cens & quatre vingt & cincq, statué & ordonné, statuons, & ordonnons par cestes, que tous ceulx qui presenteront quelzques especes d'or, ou d'argent non permises, ou eualuees par nostredicte Placcart dernier, ou à plus hault pris qu'il ne contient fourferont lesdictes pieces, & especes ou la valeur d'icelles, & pardessus ce, tant celluy qui les presentera, que celluy qui les recepurà, seront pour la premiere foiz condamnez au quadruple de la valeur de chascune piece, valissant vng florin & dauantage, & au regard de celles valissans moins d'vng florin, en l'amende de vingt pattars pour chascune piece, & pour la deusiesme foiz, ilz seront pardessus semblable amende, banniz des pays de nostre obeyssance, le temps de cincq ans, & si ceulx qui seront attaintz & conuaincuz deladicte contrauention sont marchans tenans bouticques, & vendans en detail, ilz serõt pardessus les paines statuees pour la premiere, & seconde contrauention suspenduz de leur trafficq, & leur serõt leurdictes bouticques fermees le temps de trois mois, & s'ilz sont Marchãs en groz ou negociãs, ilz seront cõstrainctz de s'absenter de la ville de leur residence le temps d'vn an.

VIII.

Et si quelcun fust trouué auoir apporté, ou fait apporter des prouinces voisines quantité notable desdictes pieces declairees billon, ou aultres cy apres defendues, pour estre par trop rongees, ou d'en auoir fait amas, & eschillé aulcunes, ou les auoir retenu en leurs maisons l'espace de six iours, sans les auoir

uoir porté, ou enuoyé en noz monnoyes, ou les auoir liuré ès mains des changeurs sermentez à ce ordonnez, nous voulons qu'oultre la perte desdictes pieces, il soit puni, & chastié des amendes, & paines contenues en l'article immediatement precedent.

IX.

Et pour descouurir ceulx qui premiers ammeneront, ou apporteront quelque quantité desdictes pieces, tous ceulx soubz qui seront trouuees telles pieces, seront enquiz & examinez par serment dont icelles luy sont venues, & ainsi de personne en personne, iusques à ce que l'on paruienne à celuy qui premier les aura apportées, ou fait venir, & seront audict cas ceulx qui sans aultre contraincte feront veritablement telles declarations quittes & deschargez des paines, & amendes par eulx encourues à ceste occasion.

X.

Declairans qu'en tous cas de contrauentions à nostredict Placcart dernier, & à nostre presente ordonnance, tous Marchans negotians ou faisans trafficq en groz, ou en detail seront tenuz, & responsables du fait de leurs seruiteurs, cassiers, ou aultres par eulx employez pour faire, ou recepuoir quelque payement, & seront puniz de mesme sorte comme si lesdictes contrauentions euissent esté commises par eulx mesmes.

XI.

Et afin que noz bons subiectz ne soient par trop interressez, qu'ilz puissent promptement recepuoir la valeur des pieces d'or & d'argent declairees pour billon, nous ordonnons aux Maistres generaulx de noz monnoyes de faire mectre en chascune bõne ville de nosdictz pays, des changeurs sermentez pour recepuoir lesdictes pieces deffẽdues, ou aultres legeres, dont le cours n'est par nous toleré, & en payer le iuste pris selon la tauxation qui en sera faicte par lesdictz generaulx de noz monnoyes, qu'ilz deburont exposer en leurs bouticques à la veue d'vn chascun, & incontinent ciseler, & tailler en deux lesdictes pieces, & estãs ainsi ciselees, les enuoyer en nosdictes

 monnoyes,

monnoyes, sans les pouuoir, retenir en leurs maisons à peine de confiscation d'icelles, & du quadruple de leurdicte valeur.

XII.

Voulons aussi, & statuons, que si noz recepueurs, ou ceulx de noz estatz, villes, chastellenies, & aultres communaultez, & aultres noz officiers ayans maniance de noz deniers, ou domeine, sont trouuez contreuenir à nostredict Placcart, soit en receuant, ou payant eulx mesmes, ou par leurs commis, Cassiers, seruiteurs ou domesticques, ilz ne soient poinct seullement condamnez ès paines & amendes susdicts, mais enoultres priuez de leurdictz estatz & offices, & les en auõs dez à present, pour lors priuez, & priuons par cestes, & declairez lesdictz offices vacans, & Impetrables incontinent qu'il apparoistra de la dicte contrauention.

XIII.

Commandans à tous, & chacun de noz Officiers & Magistratz de noz bonnes villes, pays & chastelenies qu'endedens vng mois apres la Publication des presentes, ilz & chascun d'eulx à par soy aduertissent ceulx des Conseilz prouinciaulx, & Sieges Royaulx où ils resortissent, si ledict Placcart y est obserué, & des debuoirs qu'ils auront fait en ce Regard, & continuent de faire la mesme aduertence, de trois mois en trois mois, apaine qu'en cas de default, ou qu'es marchez, boucheries, ou autres lieux publicqz y aye contrauention manifeste, sans chastoy, ilz seront puniz seuerement, & exemplairement.

XIV.

Ordonnons aussi aux fiscaulx de tous nos Conseilz, que de trois mois en trois mois, ilz nous escripuent ce qu'ilz auront troué par lesdictes aduertences, ou d'ailleurs auront entendu, touchant l'obseruation de nostredicte ordonnance, addressant leurs lettres ès mains de nostre Audiençier & premier Secretaire, qui en donnerà son Recepisse, & que sans aulcune conniuence, ou dissimulation, ilz procedent contre

les

les transgresseurs & les facent condemner és paines, & amẽdes cydeuãt ou apres ordonnees, àpaine que s'ilz ne le font, & sont attainz & conuaincuz d'auoir vsé de conniuence ou dissimulation, ilz seront priuez de leurs estatz & offices, lesquels seront & dez à present pour lors les declarons impetrables, & vacans.

XV.

Sans que nosdictsfiscaulx, ou aultres officiers, puissent composer desdites amendes soubz quelque couleur ou pretexte que ce soit, à la mesme paine de priuatiõ de leurs dictz estatz & offices que dez à present pour lors declairons estre vacans & impettrables.

XVI.

Sans aussi que les President, ou gens de noz Conseilz, ou aultres Iuges puissent moderer lesdictes paines, ou soubs pretexte quel, que ce soit descharger les transgresseurs de nostre dicte ordonnance à paine d'encourir nostre Indignation, ains voulons que toutes lesdictes paines, & amendes soient executées reellement, & de fait sans faueur, conniuence, ou dissimulation, n'entendans que ceulx de nosdictz conseils, ou aultres Iuges, ny aussi nosdictz fiscaulx, ou aultres Officiers se puissent excuser soubs vmbre qu'en aulcuns lieux l'on contreuiendroit publicquement à nostre dite ordonnance, àquoy ne voulons estre prins esgard ny à aultre excuse semblable.

XVII.

Deffendons aussi en conformité de nos ordonnances precedentes, à tous nos subiects ou aultres, dequelque qualité & condition qu'ils soient, de ronger aulcuns deniers d'or, ou d'argent de nostre forge, ou d'aultre par nous tolerez, ny de les lauer auec eaue forte, eiment ou autrement diminuer de leur pois, à paine de cõfiscation de corps & de biẽs, & cõmandons à tous noz Officiers de s'informer bien soigneusement de ceulx qui auront cy deuant contrefaict, forgé, pressé, ou jetté en sable aulcune monnoye faulse ou adulterine, ou le feront à l'aduenir de quel coing, matiere, estoffe, ou metal que ce puisse estre, en-

 semble

semble de ceulx qui l'auront eschilee, ou eschilleront, soit ès pays de nostre obeissance ou aillieurs, auront ayde, ou aideront sciemment à la transporter, ou eschiller, ou auront faict ou feront sciemment aulcuns instrumens à ce seruans, & voulons que contre les dicts delinquans l'on procede rigoreusement, soit par confiscation de corps & de biens, ou aultrement, selon l'exigence du cas, grauité & circonstances du delict.

XVIII.

Interdisons en oultre à toutes personnes quelzconques d'achapter ou vendre aulcunes especes de monnoye d'or & d'argent permises, ou tollerees par nostre Placcart, ou en donner aulcun prouffit ou gaing, à peine de confiscation des dictes especes, & que tant le vendeur, que l'achapteur seront pour la premiere fois condampnez au double de la valeur desdictes pieces, & pardessus ce suspenduz l'espace de six mois de leur trafficq, stil, ou mestier, & s'ilz y retombent la seconde fois, ilz seront pardessus semblable confiscation desdictes pieces condampnez au quadruple de la dicte valeur, & en outre banniz des pays de nostre obeissance le temps & terme de trois ans.

XIX.

Deffendons pareillement à tous de bicqueter, & choisir des especes d'or ou d'argẽt pour faire prouffit à les refondre & trãsporter hors des dicts pays de nostre obeyssãce, aux mesmes paines, voires plus griefues & corporeles, selon l'exigence du cas.

XX.

Faisons aussi deffenses & inhibitions bien expresses à tous de quelconque estat, qualité, ou condition ilz soient, de mener aux monnoies estrangieres ou aultres que les nostres directement ou indirectement aulcuns deniers d'or au d'argent de nostre coing, & forge, ou d'aultre par nous permis, & tollerez, ny pareillement aulcuns desdictz deniers rongez ou declarez billon fonduz en masse, ou lingotz, ny aultre matiere quelconcq; propre à forger monnoye, à paine de fourfaire, ledict or, ou argẽt, & de payer pardessus ce deux cens doubles ducatz pour chascun marcq d'or, & vingt pour chascun marcq d'argent, & du plus

ou

ou moings à l'aduenant, & d'estre suspenduz de leur trafficq, stil, ou mestier le temps d'ung an pour la premeire foix, & pour la seconde d'estre puniz corporellemēt, ou banniz des pays de nostre obeyssance le temps de trois ans selō l'exigence du cas.

XXI.

Et tous ceulx qui sciemment auront aidè à pacquer, ou trās-porter lesditz deniers ou matieres appertenans à autruy seront chastiez & puniz arbitrairement par bannissement, ou punition corporelle selon la qualitè du faict, & des personnes.

XXII.

Item pource que le droict & authoritè d'achapter billon, cōpete, & appertient à nous seuls, & à ceulx qui de nostre part sont à ce expressement commis, deffendons à tous d'achapter es pays de nostre obeyssance aucunes matieres d'or & d'argent ou changer aulcunes especes de monnoye tenues ou declairees pour billon, sans estre à ce authorisez par lettres & Instruction desdictz Maistres generaulx de noz monnoyes, & auoir fait le serment à ce pertinent, sur paine de confiscation des matieres ou especes ainsi achaptees ou changées, & du double dela valeur d'icelles, pour la premiere fois, & pour la seconde fois du quadruple, & d'aultre correction arbitraire, Saulf que les orfebures en pourront achapter ce quilz en auront de besoing pour lealement exercer leur mestier, selon & en conformité de nostre ordonnance faicte en leur Regard.

XXIII.

Deffendons aussi à tous & vng chascū de quelle qualité quil soit, de vendre ou achapter aulcunes matieres reputées ou tenues pour billon, à plus hault pris que ne portent les ordonnances de noz monnoyes à paine de confiscation desdictes matieres ou especes ainsi vendues, & du double de la valeur d'jcelles, à prendre tant sur l'achapteur que le vendeur pour la premiere fois, & du quadruple oultre ladicte confiscation pour la deuxiesme fois, & pardessus ce de correction arbitraire.

XXIV.

Interdisons aussi à tous Orfebures de rompre, briser, ou fondre en quantitè aulcunes especes de monnoye d'or, ou d'argēt par nous permises, sans en faire aduertence preallable au doyen ou aultre chef du dict mestier, ensemble du nom de celuy dont lesdictes especes auront esté receues, lequel doyen ou aultre chef dudict mestier sera obligè de tenir note & registre desdictes declarations, & les exhiber aux Maistres generaulx de noz mõnoyes de demy an en demy an, a paine de par lesdictz Orfebures payer la valeur desdictz deniers par eulx ainsi brisez en quãtité, sãs auoir fait ladicte aduertẽce, & en oultre le quadruple d'icelle, & de par ledict doyen ou chef ayant obmis d'en tenir registre la somme de cent florins pour chascune obmission.

XXV.

Et cõbien que nous auons cy deuant toleré que noz subiectz pourroient à leur risque, & peril recepuoir les especes de monnoye d'argent permises par nostre dict Placcart, ores que n'ayans le pois declairé par icelluy, pource que l'on n'a vsé pardeça de peser lesdictes monnoyes d'argent, n'ayans defendu le cours sinon de celles estans visiblement rongees, vsees ou notablemẽt diminuées de leur vray pois declairè par lesdict Placcart, toutesfoiz comme nous sommes aduertiz que desia en aulcuns aultres pays l'on à defendu le cours desdictes mõnoyes d'argẽt trop legieres, & qu'en aulcuns autres à nous voisins, l'on est en termes de faire le mesme, par où il est à craindre que toutes les monnoyes d'argent rongées, vsées, & foibles s'apporteront es Prouinces de nostre obeissance à l'indicible dõmage & interest de noz bons subiectz : Nous desirans d'y pourueoir de bonne heure, auons deffendu, & deffendons à tous de presenter ou recepuoir aulcunes mõnoyes d'argent, n'ayans le poix porté par nostre dict placcart dernier au remede y declarè de chascune piece respectiuement, ains les auons declarées, & declairons billons, & deffendues, aux mesmes paines que cy deuãt est dict, tant contre ceulx qui les presenteront, que ceulx qui les recepueront.

Si

XXVI.

Si ordonnons aufdićts Maiftres generaulx de noz monnoyes de faire faire des pois pour pefer lefdićtes efpeces de monnoye d'argẽt par nous permifes comme il en y à pour pefer celles d'or & d'en faire garnir les bicquetz, à fin que chafcun puiffe fçauoir quelles pieces auront leur iufte pois, au remede declairé par noftre dićt placcart, & quelles feront trop legeres, & à cefte caufe par nous declarées billon.

XXVII.

Et iaçoit que par noftredićt Placcart dernier, nous ayons auffi toleré les vieux patars forgez pardeça tant au parauant l'an quinze cens, vingt, que certain tẽps aprez, au pris de trois groz monnoye de Flandres la piece, & les demyz à l'aduenant, pourueu pu'ilz fuffent de belle mife, neantmoins comme l'on à naguerres de tous endroitz enuoye pardeça trefgrande quantité defdićtz vieux patars, & demy patars la plufpart fort vfez, & trop legers, noftre vouloir eft queperfonne ne fera tenu de cepuoir finon ceulx qui font de belle mife, & encores poinćt d'auantaige qu'à raifon de quatre pour cent de la fomme dont fe fera payement.

XXVIII.

Mandons en oultre, & commandons qu'en l'adiudication des paines, & amendes cydeuant declaireés, foit procedé fommierement, & de plain, fans forme, ny figure de proces, & que foyent receuz, & admis en tefmoingnage ceulx qui auront receu aulcunes defdićtes pieces deffendues, & que toutes fentences, ou appoinćtemens qui feront furce donnez, ou renduz feront executez, non obftant oppofition ou appellation quelconq;, & fans preiudice d'icelles, & fi auant que les delinquans n'ayent moyens fuffifans pour fatisfaire aux peines, & amendes pecuniaires, nous voulons icelles eftre conuerties en punition corporelle felon l' exigence du cas.

XXIX.

Declairons quetoutes lefdićtes confifcations, fourfaićtures,

& amendes pecuniaires seront appliequables pour vng tiers à nostre prouffit, pour vng aultre au prouffit du denunciateur, & pour le troiziesme au prouffit de l'officier qui en fera la calenge, ou execution.

XXX.

Lequel officier pourra aussi recepuoir le tiers dudict denunciateur pour par ses mains luy en faire le payemẽt si auant qu'il ne desire d'estre cognu.

XXXI.

Et afin que nostre presente ordonnance soit tant mieulx & estroictement observée, voulons, & declairons nulles, & de nulle valeur toutes constitutions de rentes, obligations, ou cedules que doresenauãt se feront procedans de sommes furnies ou comptees en tout, & en partie en deniers, ou especes d'or & d'argẽt non permises par nostredict Placcart ou à plus hault pris que ne porte nostre permission, & que personne ne pourra rien demander en iugement ou dehors en vertu d'icelles: Pourueu toutesfoiz que ladicte exception soit proposée en dedens deux ans apres la reception desdictz deniers, & qu'elle soit par apres plainement & suffisamment verifiée.

XXXII.

Ains que celuy qui les ayant ainsi receues en fera l'aduertence, & declaration aux iuges, ou officiers, & sera non seullement tenu quicte & deschargé de sadicte obligation, mais aussi des paines & amendes par luy encourues pour auoir receu lesdictz deniers contre nosdictes deffences & prohibition, icelles demeurans en leur force, & vigeur contre celuy ayant compté iceulx deniers auec les paines sur ce statuees & ordonnees.

XXXIII.

Et comme nous entendons aussi à nostre tresgrand regret que plusieurs changes se font d'vng lieu de nostre obeyssance à l'aultre pour vng mois ou deux que l'on dict à vso, ou double vso en payant monnoye deffendue ou a plus hault pris que ne porte nostre ordonnance, que l'on dict argent courant, pour au lieu d'icelluy receuoir argent permis, & au pris statué par noz ordonnandonnances, par oú noz pouures subiectz sont grandemẽt interessez, signamment les necessiteux qui n'ont moyen d'attendre, nous auons prohibé, & deffẽdu changes semblables, les declarãs nulz & de nulle valeur, & que persõne ne pourra en vertu ou à tiltre d'jceulx rien demander en jugemẽt, ou dehors, ains que celuy ayant receu ledict argẽt à pris courant, ne sera point seullemẽt deschargé de l'obligation de le rendre; ains sera enoultre deschargé des peines par luy encourues parladicte contrauentiõ, pourueu qu'il allegue ce que dessus endedens deux ans apres la receptiõ desdictz deniers, demuerant celluy ayant cõpté lesdictz deniers submis, & obligé ausdictes peines en sõ regard.

XXXIV.

Desirans aussi pourueoir aux desordres & abuz que l'on à recognu estre cõmis par les Orfebures au faict de leurs ouuraiges tãt d'or que d'argent, Nous voulons que nostre edict, & ordonnance sur ce faicte au mois d'Octob. Seizecẽs huict, soit repub liee, & punctuellemẽt gardeé, & obserueé soubz les moderatiõs, & restrictions aduisees en ce Regard par ceulx de noz cõptes en Brabant à l'Interuention des Maistres generaulx de noz mõnoyes, que seront aussi publiees auec ceste nostre ordonnance.

XXXV.

Demeurant au surplus tout ce que à esté ordonné, & statué par noz ordonnances precedentes, & dont n'est icy disposé au contraire, ou aultrement, en sa plaine force, & vigeur, comme s'il fust icy repeté de mot à aultre.

XXXVI.

Et a fin que de ceste nostre presente ordonnance personne ne puisse pretendre cause d'ignorance, nous voulons, & ordonnons quelle soit Imprimeé tant en Francois, qu'en thiois, & qu'incontinent, & sans delay la faites publier par toutes les villes & lieux de nostre pays, & Conté d'Atthois, où l'on est accoustumé de faire criz, & publicatiõs, & renouueller jcelle publication de trois mois à trois mois, sans attendre nouuelle iussion. Et à l'entretenement, & obseruation d'icelle ordonnance procedez, & faictes proceder contre les transgresseurs, & deso-

& desobeyssans par l'executiõ des paines & amendes cy dessus mentionnees, sans port, faueur ou dissimulation. De ce faire, & qu'en depend vous donnons plain pouoir, authorité, & mãdement especial, mandons, & commandons à tous que à vous le faisant, ils obeyssent & entendent diligemment, Car ainsi nous plaist il, Donné en nostre ville de Bruxelles soubz nostre contreseel cy mis en placcart le quatorziesme jour d'Auril, L'an de grace Mil, Sixcens, & Douze.

Par les Archiducqz
en leur Conseil.

Signé

Verreyken

Et est la dicte Ordonnance seellée du contreseel de leurs Altezes, en forme de Placcart.

Semblables Placcarts ont esté despechez en langue Francoise pour Luxembourg, Haynnau, Namur, Lille, Douay & Orchies, Tournay & Tournesiz, Valenciennes, & Cambray, & en langue Thioise pour Brabant, Lembourg, Geldres, Flandres, & Malines.

www.ingramcontent.com/pod-product-compliance
Lightning Source LLC
LaVergne TN
LVHW052042160826
845678LV00003B/1484

* 9 7 8 2 3 2 9 6 3 2 0 4 9 *